FERDINAND GAILLARD

MAITRE GRAVEUR

(1834-1887)

PAR

C. DE BEAULIEU

PARIS
LIBRAIRIE BLOUD ET BARRAL
4, RUE MADAME, ET RUE DE RENNES, 59

1888

GAILLARD

(1834-1887)

Il y a un an à peine la tombe se fermait sur l'un des plus grands artistes de notre siècle ; et, la presse s'unissant au deuil de l'art, petits et grands journaux parlèrent au public du graveur des portraits de Pie IX et de Léon XIII, chacun disant ce qu'il savait, ou croyait savoir, sur la personnalité de Ferdinand Gaillard.

La difficulté de se procurer des documents certains sur un artiste vivant si fort en dehors du cabotinage moderne n'arrêta pas la plume légère de certains journalistes, pour lesquels il s'agit surtout d'arriver bon premier sur le champ de l'actualité. L'imagination des lecteurs aidant aux suppositions et aux insinuations des biographes, on se raconte, dans les salons où l'on cause des choses de l'art et de ses grands prêtres, une jolie petite légende où rien ne manque : chagrins de cœur, conversion, folie mystique, etc., etc. Il en faut bien rabattre pour retrouver la grande et simple figure de l'artiste chrétien : âme forte, enthousiaste, planant constamment au-dessus des vulgarités, et ne descendant des régions sereines que pour se reposer au foyer de famille, à peine élargi pour quelques amis de sa laborieuse jeunesse. Là, oubliant les douleurs qui minaient lentement sa constitution délicate, il se dépensait tout entier, animant l'intimité des saillies d'une gaieté restée juvénile jusqu'au dernier jour.

Ferdinand Gaillard, que personne ne croyait sérieusement attaqué, est mort le 18 janvier 1887. Il était né à Paris, rue Zacharie, sur la paroisse Saint-Séverin, le 16 janvier 1834, dans le modeste intérieur d'une famille franc-comtoise; son père était mécanicien à l'usine Dérosne et Cail. L'ambition de l'honnête artisan était de voir son fils exercer le même état à un degré supérieur, moins dur et plus scientifique; il visait la fabrication des instruments de précision, laquelle exige des connaissances spéciales, qu'il comptait bien faire acquérir à l'enfant.

Toujours gai, jamais bruyant, aussitôt que sa main put tenir un crayon, Ferdinand poussait près de la fenêtre une petite table, sur laquelle il portait tous les morceaux de papier qu'il se pouvait procurer, et crayonnait, crayonnait de longues heures, oubliant le jeu aussi bien que l'heure du goûter.

A cinq ans, la conception de l'enfant s'affirmait, ses dessins prenaient une forme intelligente et bégayaient la pensée. Cette disposition de son fils confirmait M. Gaillard dans son projet : Ferdinand dessinateur serait un habile mécanicien, les ateliers de M. Charrière répondaient parfaitement à ce rêve ; mais, l'heure venue, ce fut à la porte de l'école qui leur fait face que l'enfant alla frapper.

Ferdinand Gaillard ne fit point son éducation chez les Frères, ainsi que l'ont affirmé quelques-uns ; le Tertiaire de Saint-François ne puisa donc pas sa vocation *dans une sorte de théologie de séminaire,* elle fut le résultat de l'illumination intérieure de son intelligence.

A six ou sept ans, il entra chez M. Hurel, maître d'école, rue Saint-Jean de Beauvais. Il y reçut le degré d'instruction ordinaire aux écoles primaires de ce temps, où le catéchisme faisait partie du programme universitaire. Doux, sérieux, appliqué, malgré l'enjouement de son caractère, le jeune écolier, quoique déjà possédé du démon de l'art, prit des sciences élémentaires ce que toute intelligence en pouvait prendre, et l'année qui suivit sa première communion, ayant toujours occupé les premières places, il put se croire suffisamment éduqué. Tourmenté de la fièvre du dessin, il résolut de ne plus *perdre son temps à autre chose.*

Parisien de la tête aux pieds, Gaillard n'en possédait pas moins les qualités et les défauts de sa forte race originelle. Il marchait droit devant lui, sans se préoccuper des difficultés du chemin; il ne les tournait pas, il y faisait une trouée. En nous contant la façon dont s'y prit le jeune homme pour quitter l'école, Madame Gaillard, qui porte vaillamment et sans aucune infirmité le poids de ses quatre-vingt-quatre ans, nous disait : « Mon fils a toujours « fait ce qu'il a voulu : après une vacance, il « prit ses cahiers, ses livres, et, les portant à « son professeur, il le remercia des soins qu'il « en avait reçus et lui annonça que, ne voulant « plus s'occuper que du dessin, il se trouvait « suffisamment savant. »

De retour à la maison, il fit remarquer à ses parents qu'il avait plusieurs fois recommencé l'étude de ses livres, qu'il n'en saurait plus tirer aucun profit, que, donc, le temps passé à la classe devenait inutilement perdu. « S'il en est ainsi, dit le père, il faut remercier le maître d'école. — Ne vous dérangez pas pour cela, mon père, je l'ai remercié ce matin », répondit le garçonnet, qui dirigeait déjà sa vie.

La question de l'apprentissage souleva bien quelques discussions ; la mécanique n'offrait aucun attrait au futur grand artiste, il ne voulait que dessiner; force fut bien de trouver un métier dont le dessin fût la base. D'art, il n'était point question; si la précoce volonté de l'enfant voyait en rêve la route des grandes études artistiques, il n'en soufflait mot. Déjà maître de lui, il sut incliner les volontés paternelles vers l'accomplissement de son désir. Dès ses premiers pas dans la vie, Ferdinand Gaillard exerça merveilleusement la qualité maîtresse de son esprit, quelque peu dominateur et tenace; il s'imposait par la douceur, vérifiant la parole de celui qu'il prit pour maître, lorsqu'il eut reconnu le néant des joies humaines : Bienheureux ceux qui sont doux parce qu'ils posséderont la terre. (*S. Matth.*, chap. v.) « *Beati mites quoniam ipsi possidebunt terram.* » Il y avait alors à Paris un graveur anglais, non point artiste, mais reconnu le plus habile dans l'exécution de la partie industrielle de son art. Il habitait rue de la Harpe; les grands libraires se disputaient ses vignettes; l'éditeur Furne, à l'apogée de sa réputation, l'occupait particulièrement; Hautpoul grava, pour lui, les portraits de l'Histoire de la Révolution.

M. Gaillard, désireux de mettre son fils en des mains capables et sûres, le présenta au graveur le plus en réputation, *pour le métier*. Hautpoul demanda six ans d'apprentissage, mais il refusa absolument de signer aucun traité; objectant le peu de sûreté qu'offrait le gouvernement en France (on était en 1847) et l'intention qu'il avait de retourner en Angleterre si la situation politique influait sur les affaires commerciales. Hautpoul, en effet, quitta la France vers 1850; son jeune élève, déjà très fort dans l'exécution du pointillé, que l'anglais faisait en perfection, dut changer de maître; il entra chez Couturier.

Couturier n'était pas plus artiste que le graveur des portraits *au point ;* il faisait des vignettes de sainteté, pour les marchands de la rue Saint-Jacques, laquelle possédait encore, en ce temps, le monopole de l'imagerie, depuis les gravures d'Epinal, les étiquettes pour toutes les industries, jusqu'à la grande estampe. Les démolitions de la petite place Saint-Jean de Latran et le percement du boulvard Saint-Germain ont dispersé les vieilles maisons des éditeurs, *libraires et imaigiers*, connus depuis plus de deux siècles de toutes les générations de graveurs, de dessinateurs et de coloristes.

Ce fut donc chez Couturier, rue Saint-Victor, au coin de la rue des Boulangers, que l'auteur des aquarelles exquises, copies des peintures de Pompeïes, termina son apprentissage. Gaillard habitait alors la rue Saint-Dominique, au Gros-Caillou. Son père y tenait un petit café voisin de la maison du sculpteur Chapu, père de Henry Chapu, aujourd'hui membre de l'Institut. Le futur auteur de l'admirable figure du tombeau de Mgr Dupanloup et le futur graveur de *l'Homme à l'œillet* se rencontraient aux cours de la rue de l'Ecole de médecine ; là commença l'inaltérable affection qui unit les deux éminents artistes. L'enseignement de la rue de l'Ecole de médecine ne visait point en ce temps-là les arts industriels ; on la regardait, au contraire, comme la première étape de l'Ecole des beaux-arts. Les deux jeunes gens partaient tous les matins ensemble, et continuaient le soir, toujours ensemble, à travailler chez les Frères du Gros-Caillou, dont les classes de dessin étaient fort appréciées ; tous deux se distinguaient entre les plus forts, comme entre les plus zélés, et chaque concours leur apportait éloges et médailles.

Certes, ce n'est point chez Hautpoul ni chez Couturier que Ferdinand Gaillard prit le goût du grand art, mais c'est là sans nul doute qu'il en eut la révélation par les conversations qu'il y entendait et la fréquentation des véritables artistes; il n'en fallait pas tant pour allumer l'étincelle, encore obscure au fond du cerveau de l'enfant. Son esprit délicat et fin mesura bientôt la distance qui sépare la pratique, même parfaite, du simple bégaiement de l'art ; il visait toujours les sommets, et, lorsqu'il se sentit assez fort, il voulut en prendre la route et entra résolûment à l'Ecole des beaux-arts.

Elève de Léon Cogniet, ainsi que son ami Chapu, Ferdinand Gaillard continua sa marche en avant du même pas sérieux et sûr. Bien que la couleur séduisît déjà son imagination, les connaissances approfondies qu'il possédait de la pratique du graveur le décidèrent à demander à cette branche de l'art ses grandes entrées dans la famille des artistes. A dix-huit ans, il fut présenté à David d'Angers qui devina les aptitudes sérieuses du jeune homme et le prit en affection ; en 1852 un second grand prix le délivra des soucis de la conscription. En 1856, il remporta le premier grand prix de gravure, et partit pour Rome, où il retrouva Henri Chapu qui l'y attendait depuis un an. Le bonheur de rejoindre son ami ne fut pas une des moindres joies du nouveau pensionnaire de la Villa-Médicis.

Dès son arrivée à Rome, le jeune graveur affirma sa personnalité par une extrême indépendance de procédé de travail et de direction dans ses études; il ne s'attarda pas aux beautés des musées de la Ville éternelle, il parcourut l'Italie et fit une pointe en Grèce. Quoiqu'il menât la vie des jeunes gens de son âge, ses habitudes de simplicité, son dédain des servitudes matérielles et sa soif de travail le retinrent dans la voie droite, que les enthousiasmes de son imagination lui durent rendre glissante. Si, parfois, son exubérante gaieté, la vivacité de son esprit l'entraînaient, il se reprenait vite; nature exquise et pondérée, il restait maître de ses actions et de ses sentiments.

L'étude du dessin ne remplissait pas seule la vie du laborieux artiste ; dès son entrée à l'Ecole des beaux-arts, le bagage scientifique emporté de la rue Saint-Jean-de-Beauvais lui sembla bien léger : il ne lui parut pas suffisant d'étudier, d'admirer les chefs-d'œuvre des maîtres pour arriver un jour à les égaler. Il comprit qu'il les fallait connaître eux-mêmes, les pénétrer dans leur pensée, y suivre l'éclosion de leurs œuvres, en les voyant vivre et se mouvoir dans les lieux où ils les ont conçues; et, pour en juger la portée, n'être point soi-même étranger aux mœurs et aux idées de ceux pour lesquels elles furent exécutées. Ferdinand Gaillard ne s'arrêtait point aux considérations stériles; homme d'action, il allait toujours en avant, et lorsque ses aînés le reçurent à Rome, ils le trouvèrent au niveau des plus érudits, ses amis s'étonnèrent quelquefois de la profondeur de son jugement et de la justesse de ses critiques.

La douceur de son caractère, sa réserve discrète, son obligeance et sa gaieté le firent aimer de toute l'école. Il partageait les plaisirs et les excursions de ses amis, il animait leurs réunions par sa joyeuse expansion sans perdre une sorte de retenue naturelle, qui lui était particulière. et qu'il imposait aux autres à son insu : tous ceux qui l'ont connu ont subi cette influence qu'il a exercée toute sa vie. Son dédain du confort le faisait riche et décuplait son temps, ce qui lui procurait une grande liberté; il en profitait pour visiter l'Italie. Déjà fort attiré par les séductions de la couleur, il courut à Florence. Là, son enthousiasme ne connut point de bornes; il voulut pénétrer le secret du coloris merveilleux des maîtres florentins, et l'eût peut-être trouvé, tant sa volonté opiniâtre secondait les efforts de son intelligence, si un nouvel enthousiasme ne l'eût détourné de l'école florentine. Ses études à Florence exercèrent cependant une grande influence sur son esthétique de graveur autant que de peintre. Il pensait que sur l'ébauche en grisaille les maîtres coloristes modelaient par glacis superposés et obtenaient ainsi les transparences chaudes et délicates qui le ravissaient. La manière de procéder du maître-graveur n'est pas sans analogie avec ce faire. On s'en convaincra en étudiant les premiers essais du *Saint Georges* d'après Raphaël, ceux du portrait de Pie IX, et ceux du portrait si vivant de la sœur Rosalie.

Comme peintre, Gaillard semble avoir abandonné les maîtres florentins pour les maîtres primitifs ; cependant, quelques-unes de ses toiles, entre autres *l'Homme à la guitare* et *la Vierge au lys,* en sont un ressouvenir.

La Grèce détourna Gaillard de la peinture florentine. M. Chapu, désireux d'avoir quelques détails précis sur certains monuments de l'Attique, envoya 500 fr. à son fils pour qu'il fît le voyage et lui prît des croquis. Des travaux pressés et promis retenaient le jeune sculpteur, qui ne se séparait guère de son ami. Il lui conta son ennui de ne pouvoir quitter l'Italie.

— Eh bien, s'écrie Ferdinand, si je partais, moi !

— Certes, c'est une idée ! tiens, voilà l'argent, mets-toi en route !

Toute la poésie de la vieille Grèce monta au cerveau de l'artiste, mais il est hors de doute que la terre de Phidias et d'Apelle ne répondit pas aux rêves de son active imagination. Exhumé pièce à pièce de son lit de sable, aride et blanc, par la pioche scientifique des antiquaires, le spectre d'Athènes n'a plus rien des grâces de la reine d'Ionie. Malgré sa prudence et son économie, la bourse du jeune homme était légère, Gaillard rapporta peu de chose de sa visite au berceau de nos arts. Aux déceptions de l'artiste se joignirent les étonnements indignés, soulevés dans la conscience droite et fière de l'honnête homme, devant les ruses et les agissements de certains fonctionnaires.

Le directeur de l'Ecole d'Athènes, M. Le Normand, accueillit avec faveur le pensionnaire de la Villa-Médicis et lui facilita les études qu'il désirait faire. Il l'emmenait dans ses visites aux fouilles; il l'initiait aux travaux des ouvriers, et à ceux de la Commission française, chargée de reconnaître et de conserver les objets arrachés au sol. Dûment classé, soigneusement numéroté, ce qui reste des Vénus et des Minerves, les chapiteaux écornés et les débris d'amphores sont rangés dans une salle, sorte de musée que l'on invite le roi de Grèce à visiter tous les ans. Cette visite de cérémonie était attendue au moment du séjour de Gaillard. Un matin, qu'il travaillait dans la salle, on l'avertit que la Commission avait invité, pour le surlendemain, le roi et les ministres à se rendre compte des richesses recueillies pendant l'année. Le jeune artiste, un peu surpris, constata la pénurie des étagères, et se demanda s'il était bien urgent de déranger pour si peu un roi et son gouvernement. M. Le Normand lui recommanda de ne point manquer la visite royale; il désirait le présenter à Sa Majesté avec la Commission et les artistes présents à Athènes. Il n'y avait point à refuser. Gaillard, assez peu satisfait, dans sa vanité de Français et d'artiste, de la pauvreté de l'exhibition, crut à quelque féerie lorsque, le lendemain, entrant dans la salle du Musée, il la vit absolument remplie de statuettes curieuses, de vases admirables, de fragments de statues considérables et précieux. Il eut bientôt le mot de l'énigme. Un jour avait suffi à déménager les pièces les plus rares des boutiques des marchands de curiosités, fort nombreux à Athènes et dans toutes les villes de Grèce; grâce à cet appoint, on a tous les ans une exposition magnifique; Sa Majesté hellénique se félicite de ses richesses souterraines, le gouvernement vote des fonds pour les rendre à la lumière et à l'admiration des savants et des artistes, et attirer les étrangers dans leur Attique, qui ne fait plus guère d'autre commerce que celui des souvenirs. Cela, de plus, fait travailler les ouvriers, la Commission triomphe, les marchands vendent quelques Antiques, chacun se congratule, et l'on recommence ainsi tous les ans.

Jamais Gaillard ne voulut entendre aux raisons politiques et commerciales de cette comédie; toute fraude, tout mensonge l'exaspérait; l'indignation et le dégoût qu'il éprouva lui firent hâter son retour à Rome.

Chemin faisant, le jeune artiste visita quelques villes; partout il étudia profondément, il ne se pressait jamais *de voir;* ne se contentant pas d'à peu près, pour fixer le souvenir, il remettait à plus tard d'examiner et de juger ce qu'il ne pouvait, faute de temps, suffisamment approfondir.

Ce *revoir* des œuvres qu'il désirait étudier fit l'objet de ses nombreux voyages. Hanté par le souvenir de quelque chef-d'œuvre, il partait, sans dire gare; puis revenait, l'étude faite, en appliquer le fruit au travail qui en avait provoqué l'idée. C'est ainsi que le peintre graveur resta, toute sa vie, en communion avec les maîtres qu'il aimait.

Pendant son passage à la Villa-Médicis, Ferdinand Gaillard s'occupa moins de graver que de dessiner ou de peindre; en ce, il eut raison. Il savait le métier, l'ayant consciencieusement appris aux bonnes sources; l'outil n'était plus rien pour sa main intelligente et habile; ce qu'il lui fallait saisir, c'était le souffle subtil de l'art. Aussi ne s'enfermait-il point dans un atelier; mais passait-il ses journées dans les galeries et les musées, travaillant partout avec une égale persévérance et une égale ardeur. Cependant, premier prix de gravure, il devait à l'Ecole des beaux-arts l'œuvre exigée des pensionnaires de l'Académie. Il envoya de Rome le portrait de Jean Bellin, d'après une peinture de ce maître. On reconnaît au milieu des tâtonnements de l'inexpérience le germe des qualités qui ont placé au premier rang le graveur vraiment original et personnel. De Rome l'habile dessinateur envoya aussi l'admirable Vénus du Titien du musée *Uffizi*, copie au crayon noir faite en vue d'une gravure que des scrupules de conscience lui empêchèrent d'achever. Le travail le plus intéressant de la jeunesse de l'éminent artiste est la collection, fac-similée, à l'aquarelle ou à la gouache, des peintures de Pompeïes. Dès son arrivée dans la ville ressuscitée, Gaillard remarqua l'étrange différence des œuvres antiques à leurs copies connues en France ; sa disposition naturelle aux procédés simples lui facilita la compréhension de l'art pompeïen, que nul autre artiste n'a serré de si près. Enthousiaste de la grâce et du naturel de ces figures exquises, il entreprit de les reproduire, pour s'en faire un trésor de souvenirs et d'études. Il exécuta ce projet dans l'esprit de sincérité et de respect qu'il apportait à tout travail de copie, art qu'il a porté à sa perfection. L'exactitude absolue, respectueuse de l'œuvre reproduite est fort rare ; elle exige de l'artiste une pénétration profonde, et l'oubli de soi ; Gaillard, devant un maître, se tenait également éloigné de l'interprétation et de la servilité, il poursuivait la pensée créatrice et la faisait *sienne* en l'exprimant par ses moyens propres ; de là, ses merveilleuses copies des Primitifs, telles que celle de *la Vierge et l'Enfant* de Botticelli.

La suite des peintures de Pompeïes, dit M. Paul Mantz, dans son article sur Gaillard (*Temps,* 25 mars 1887), « donne au regard l'illusion du « décor antique avec ses rugosités de surface, « les blessures de la muraille, les lacunes de « l'enduit disparu ; on y reconnaît surtout un

« sentiment de l'art pompeïen qui n'a jamais été « poussé aussi loin. »

Gardées en portefeuille, les peintures pompeïennes étaient fort peu connues; *l'Education d'Achille, la Joueuse d'osselets, la Toilette*, exposées au Salon, avaient seules attiré l'admiration étonnée des amateurs et du public.

L'administration des Beaux-Arts a voulu garder cette collection précieuse, elle l'a achetée 4.000 fr. à la succession du maître regretté.

Le musée de Naples retint longtemps Gaillard; il y passait de longues heures, il eût voulu en copier tous les chefs-d'œuvre; plusieurs fois rappelé à Rome par le directeur de l'Ecole, le jeune artiste trouvait toujours quelque prétexte pour prolonger son séjour. M. Schnetz dut lui enjoindre de reprendre la route de l'Académie. « Tous les élèves sont depuis longtemps à leur atelier, lui écrit-il; vous seul oubliez le temps écoulé, il faut vous décider à rentrer au bercail. »

Les amitiés formées à Rome entre ces jeunes gens pleins de sève et d'enthousiasme sont sincères et fécondes; Gaillard leur resta fidèle. Un de ceux qu'il aima le plus tendrement fut Charles Sellier, lauréat du Grand Prix en 1857. Cet artiste arrêté par le *Rêve* ne donna pas sa mesure, mais il fut pour le graveur, s'essayant à la peinture, un précieux initiateur. Sellier, adorateur de la lumière, en poursuivait les mystérieuses transparences, et, bien que l'esprit très positif de

Gaillard le retînt dans la voie de la raison et de la vérité, les séduisants mirages du jeune Lorrain ne furent pas sans influence sur ses premières études; il en garda, avec le sentiment des ombres transparentes, la préoccupation des reflets dont on remarque les effets heureux dans son œuvre de graveur et dans son œuvre de peintre.

Après cinq années laborieusement remplies, Ferdinand Gaillard revint à Paris, ses portefeuilles gonflés d'études et de croquis, l'âme à jamais possédée par l'amour de son art. Il s'installa rue du Helder, dans un petit appartement, où il prépara son salon de 1864 : l'interprétation définitive du portrait de *Jean Bellin*, *Horace Vernet,* gravure d'après le dessin de Paul Delaroche, et le dessin de la Vénus du Titien, d'après le tableau de ce maître à Florence.

La rue du Helder convenait mal aux habitudes de Gaillard. Bien qu'il n'eût jamais eu pour le monde l'amour que quelques-uns lui ont prêté, ni l'horreur que pouvaient lui supposer ceux qui croient la religion morose et bourrée d'épines, il aimait surtout le calme nécessaire aux profondes études, et aussi les vastes lambris que l'on peut couvrir de ses essais et de ses souvenirs. Il traversa les ponts et s'arrêta rue de Madame. « Ferdinand Gaillard, dit Paul Mantz, resta un homme de l'autre côté de l'eau. » L'élégant et profond critique eût pu dire : un *gentilhomme* de l'autre côté de l'eau; le grand artiste l'était par la nature de son talent et par son caractère, il l'était par ses goûts et par cette élévation naturelle qui vient de l'esprit et du cœur. Ses nombreuses relations dans le haut clergé et dans l'aristocratie lui ouvrirent ce monde envié, qui lui fit une place ; il n'y apporta ni l'assurance vaniteuse ordinaire à certains artistes, ni la fausse modestie, mais la droiture de son caractère, et la simplicité chrétienne qui met chacun à son rang.

Dans son vaste atelier de la rue d'Assas, l'artiste put s'entourer de ses travaux, de ses études de Grèce et d'Italie ; il y put chaque année, le jour des Rois, dresser pour sa famille et ses amis de jeunesse une table qui ne comptait jamais guère moins de quarante couverts rangés en fer à cheval, sur des planches soutenues par des tréteaux. Ordinairement Mme Gaillard, et Mlles Judisse, ses petites-filles, apportaient le linge de table, serviettes et draps ; il n'y avait pas de nappes assez grandes pour cette longueur ; mais il est arrivé quelquefois que, les draps oubliés, on mettait le linge ordinaire à l'artiste, des journaux étendus sur les planches ; comme il le faisait tous les jours sur le coin de table où il prenait ses repas, presque toujours debout, à la hâte, sans savoir ce qu'il mangeait, un morceau de charcuterie, un plat du restaurant voisin, envoyé chercher au dernier moment par son domestique, Eugène, déjà âgé, pauvre d'esprit, que la famille a gardé comme un legs de charité.

En 1865 Gaillard exposa la *Vierge au livre*, dessin d'après Raphaël, très réussi ; et la *Vierge au donataire* d'après *Jean Bellin*, estampe remarquable par la perfection avec laquelle le graveur a rendu la manière du peintre. Quel que fût le succès de cette œuvre, il fut dépassé par celui du Condottière, d'après Antonello de Messine.

Exécutée pour la Gazette des Beaux-Arts, cette gravure excita l'admiration des amateurs et l'étonnement des artistes ; elle marqua le premier pas de son auteur dans une voie de modernité originale, et toute personnelle. Il était arrivé, par des procédés qui lui sont et lui resteront propres, à rendre non seulement l'œuvre du maître, mais son inspiration, son génie et son faire. C'est du Condottière que date chez le maître-graveur la préoccupation de concentrer dans l'œil le caractère de ses figures, et, si l'on peut ajouter, la flamme de la vie.

De ce moment, la place de Ferdinand Gaillard était marquée parmi ceux que l'on cherche à chaque exposition et dont on suit l'œuvre, soit pour l'admirer, soit pour la discuter. Au salon de 1866, il donna un portrait de Marie de Médicis d'après Van Dyck, et une gravure, la Vierge, d'après Jean Bellin. Au salon de 1867, il exposa la très curieuse gravure, *Mercure et Vénus*, d'après Thorwaldsen, et le portrait du Perugin, d'après la fresque de Cambio, gouache exécutée avec la sincérité et le sentiment si personnel de l'artiste.

La première toile exposée par Gaillard fut le portrait de M. de B. en 1868. Le peintre n'obtint pas le succès du graveur ; ses qualités de dessin et de modelé ne sauraient être appréciées que par les artistes ou les connaisseurs ; sa couleur manque de vibration, elle est ordinairement monotone et lourde, elle n'est point de celles qui attirent l'œil des foules. Le disciple des *Primitifs* ne connaît pas les compromis, il fait ce qu'il voit, comme il le voit, et il le voit avec des yeux dont la vision pénétrante et nette perçoit le plus léger tressaillement du muscle sous l'épiderme, la plus légère déviation de l'ossature, le sillon de la ride la plus ténue. Les portraits de Mme... au salon de 1872, de Mgr de Ségur au salon de 1879, affirment, entre tous, l'intraitable véracité de l'artiste, devant laquelle il faut respectueusement s'incliner en admirant la force du *vrai;* les peintures du maître-graveur, quoique d'aspect sombre et triste, sévère jusqu'à la dureté, attirent, rappellent et retiennent ; elles forcent l'attention par le sentiment profond du naturel et de la vie.

Il est fort remarquable que les aquarelles et les gouaches de Gaillard ne manquent ni de fraîcheur ni d'éclat ; presque toutes exécutées en Italie, elles en ont gardé la radieuse lumière. La nature de l'artiste y était particulièrement sensible ; on peut dire que son idéal poursuivait le rayon ; il réussit à le fixer dans les yeux de la Sœur Rosalie. Le ciel de France, favorable aux œuvres de méditation et d'outil, telles que les gravures, changeait-il pour lui l'irradiation visuelle? On le pourrait supposer; quelquefois, lassé d'études qui ne répondaient pas à son vouloir, Gaillard partait pour quelque plage méditerranéenne. « Je vais, disait-il, chercher l'air et la lumière! »

C'est assurément d'un de ses voyages au pays du soleil qu'il rapporta *la Vierge au lys*, toile exquise, exposée au salon de 1885. La composition en est aussi heureuse que l'inspiration en est gracieuse et simple. La Vierge est assise, présentée de trois quarts, sa robe rouge laisse voir la chemise froncée en guimpe des femmes du midi de l'Italie; le *divin Bambino*, qu'elle soutient du bras gauche, lui tend ses petites mains, réunies dans un mouvement adorable de grâce et de naturel; le sentiment des têtes est très particulier, et tel que le peut concevoir un artiste croyant, chose rare en notre temps. Le groupe se détache sur un paysage dans le goût florentin. La correction du dessin, d'un sentiment très fin, la douceur du modelé, qui n'a rien des rudesses ordinaires au pinceau de l'artiste, font de cette toile le chef-d'œuvre de Ferdinand Gaillard, en tant que peintre. Pour ne plus nous occuper que du graveur, un mot sur le *saint Sébastien*, étude de nu, actuellement au Luxembourg. En faisant les réserves de la tonalité, cette figure, d'une inspiration personnelle très puissante, d'un type élevé, est saisissante par l'expression de la souffrance, volontairement acceptée. La fermeté, la pureté d'un dessin de grand jet est soutenue par un modelé savant et très fin, qui place cette œuvre au premier rang des figures d'académie. Le *saint Sébastien* n'a pas le défaut ordinaire aux grandes toiles du peintre, le manque d'aspect. Gaillard, ne se préoccupant que de *la nature*, négligeait absolument l'art de la bien présenter ; presque toutes ses figures manquent d'ampleur, elles semblent ramassées ; la tête prend tout ! C'est la grande faute du portrait en pied de Léon XIII ; faute encore accentuée par la note blanche des vêtements.

Les défauts reprochés au peintre furent les qualités exquises du maître-graveur ; sa rigoureuse correction de dessin et de modelé, son profond sentiment de la vérité le mirent au premier rang des *peintres* de portraits, peut-on dire, tant sa gravure a de couleur, de relief et de vie. Les portraits de Mgr de Mérode, de Dom Guéranger, de Mgr Pie, ceux de Pie IX et de Léon XIII, gravés d'après nature, sont hors de pair.

Des plus curieuses à étudier, et des plus intéressantes, l'œuvre gravée de Ferdinand Gaillard est peu considérable ; fort habile et maître de son outil, il exécutait vite, mais il préparait longuement ; méditant, rêvant, essayant des effets, ne reculant point à gratter une planche achevée, lorsqu'elle ne rendait pas l'expression voulue.

On a pu voir, à l'exposition de l'Ecole des beaux-arts, les suites d'épreuves d'essais ; quelques-unes remplissaient des cadres, où se lisaient couramment, même pour les plus ignorants dans l'art de la gravure, les phases successives du travail de l'artiste : depuis le trait, à peine mordu sur le cuivre, jusqu'au modelé serré, ténu, de sa pointe acérée, jusqu'au travail arrivé à sa perfection.

Ce travail de gestation, Gaillard le faisait au crayon noir, à l'estompe, à l'aquarelle, demandant aux divers procédés de l'art les effets qu'il voulait fixer sur le cuivre. Le cadre des études de dessins et d'aquarelles exécutés en vue de la gravure des Pèlerins d'Emmaüs, d'après Rembrandt, est absolument curieux ; on y voit tout l'effort de l'habile interprète se concentrer au sentiment à donner à la figure du Sauveur.

Cette lenteur de mise en train n'était pas nécessaire à la perfection du travail de l'artiste ; conséquence de son amour de l'exactitude et de la vérité, elle était voulue. S'il étudiait longuement, patiemment, par scrupule, il est telles pièces de son œuvre qui furent enlevées d'un seul effort ; et, soit qu'il exécutât après étude ou du premier jet, Gaillard exécutait avec enthousiasme.

« Regardez le maître, disait il, et lorsque vous « sentez que vous l'avez compris, lorsque sa « pensée est entrée dans la vôtre, allez hardi- « ment, sans vous occuper de l'outil. » Ceux qui ont connu l'artiste savent combien peu il se préoccupait des méthodes ; il changeait *de faire*, selon le maître à interpréter et selon le caractère de l'œuvre. Cette souplesse merveilleuse l'amena du classique burin des portraits du *comte de Chambord* et de *Pie IX*, au travail ténu, serré, d'une incomparable finesse, de la gravure de *l'Homme à l'œillet* de Van Dyck, laquelle fit révolution, et posa l'artiste en novateur. Aussi remarquable par la fidélité de la copie que par le procédé d'exécution, la gravure de *l'Homme à l'œillet* fut terminée en quelques jours.

Lorsque M. Barthold Suermondt, alors propriétaire de l'admirable peinture, maintenant au Musée de Berlin, l'envoya à Paris, la *Gazette des Beaux-Arts* en publia un commentaire historique, et demanda, pour l'accompagner, une reproduction du chef-d'œuvre au graveur qu'elle appréciait entre tous. Les exigences de l'actualité sont impérieuses, le directeur voulait que la revue parût à son heure.

Gaillard ne recula pas devant les impossibilités : il fit en même temps une copie à l'huile du portrait de ce type étrange à jamais fixé par le maître flamand, et la planche étonnante qui déterminait sa nouvelle manière.

Le nouveau mode d'exécution de l'artiste ne fut pas un procédé cherché et préconçu. il y arriva par degré, en demandant à sa profonde connaissance des moyens graphiques la facilité de rendre les effets les plus délicats ; de préciser les reflets des tissus, des métaux, de modeler les visages, au point d'en exprimer le caractère moral aussi bien que celui des traits. La science du dessin lui rendait indifférents le burin ou la pointe, instruments dociles dans sa main, d'une légèreté extraordinaire, que conduisait une intelligence profonde de l'œuvre qu'il traduisait.

L'esthétique de Ferdinand Gaillard visait à l'union de l'inspiration et de la vérité, à l'union de la nature souvent grossière et rude et de la vie intérieure qui l'éclaire et l'ennoblit. Tout procédé lui paraissant devoir atteindre la réalisation de cet idéal lui semblait mériter attention; qu'il fût ou non classique, il n'hésitait pas à l'employer.

Chose admirable, cet artiste, « allant tout « naturellement aux choses abrogées, dit M. Paul « Mantz, parce qu'il était lui-même un homme « de l'ancien monde, et presque un revenant », cet artiste primitif, novateur dans son art, indiqua le chemin à la gravure moderne : c'est en cela qu'il fut un maître.

Gaillard aura des imitateurs, d'autres marcheront dans la voie ouverte, mais il n'aura pas de continuateurs. Résultante de causes intellectuelles et physiques, son talent lui est absolument personnel ; c'est le jugement porté sur l'éminent artiste par les hommes les plus compétents dans l'art et la littérature.

C'est l'opinion de M. Henri Delaborde, écrivain si autorisé dans ces matières. A la page 290 de son excellent ouvrage sur la Gravure, il dit :

« Enfin, quelle rivalité M. Gaillard pourrait-il

« craindre, dans le genre de gravure dont il est « à vrai dire l'inventeur et qu'il pratique avec « une habileté si extraordinaire ? Soit qu'il grave « d'après Van Dyck, Ingres ou Rembrandt, des « planches comme *l'Homme à l'œillet,* l'Œdipe « et les Pèlerins d'Emmaüs, soit qu'il nous « donne d'après ses propres dessins ou ses pein- « tures des *Portraits* comme ceux du Pape *Pie IX* « et de *Dom Guéranger*, il intéresse aussi vive- « ment l'intelligence qu'il étonne le regard par « l'incroyable subtilité de ses travaux. Même « quand il reproduit les œuvres d'autrui, M. Gail- « lard se montre ouvertement original. Ses pro- « cédés sont absolument à lui et rendent toute « contrefaçon impossible, parce qu'ils tiennent à « la délicatesse exceptionnelle de ses organes ; « mais il ne serait pas moins difficile de s'appro- « prier la finesse de son sentiment et, quelque « bonne volonté qu'on y mît, de se donner une « pénétration d'esprit égale à la sienne. »

Ce n'était pas seulement au profit de son art que s'exerçaient les précieuses facultés du maître-graveur, elles lui furent dans la vie pratique une source de jouissances délicates, et les précieux auxiliaires de son talent dans la direction de ses affaires.

Gaillard ne laissait rien au hasard, il ne négligeait rien de ce qui pouvait lui assurer la réussite, non par amour de la gloire ou du gain, mais par disposition de caractère, et parce que cela était juste.

Sa pénétration était fort remarquable, et ce don de lire sur les visages les lueurs de la vie intérieure ne fut pas une des moindres causes de son éloignement des sociétés mondaines; les capitulations de conscience, les compromissions, les perfides bienveillances révoltaient sa nature droite et fière, assoiffée de vérité. Le culte du vrai et la passion de l'art possédaient si absolument cette âme d'artiste, qu'elle y revenait sans cesse et comme naturellement dans toute conversation. Les futiles banalités de la vie mondaine ne pouvaient satisfaire un esprit attiré vers les rayonnements; le vide des fausses joies de la vie le poussa invinciblement vers l'éternelle beauté, et provoqua, non pas sa conversion (le mot est trop fort), mais son retour aux habitudes de sa jeunesse. « Mon fils, nous disait un « jour Mme Gaillard, dont le mot *conversion* « froisse la délicatesse maternelle, mon fils, « comme beaucoup de jeunes gens, a pendant « quelques années négligé ses devoirs de chré- « tien, mais il n'a été, grâce à Dieu, ni un mau- « vais sujet ni un impie. »

Gaillard parlait lui-même de ce temps de folies sans se frapper trop rudement la poitrine. Un jour, dans l'intimité d'une réunion de famille, entouré de ceux qu'il aimait le plus, en causant des années écoulées, l'artiste fit une sorte de confession qu'il termina ainsi :

« J'ai voulu tout connaître, afin de savoir la « somme de bonheur que peuvent donner le monde

« et ses plaisirs ; et j'ai expérimenté que rien ne « pouvait m'y satisfaire ; je ne suis heureux que « depuis que j'ai trouvé dans la religion la réali- « sation des désirs de mon cœur et des aspira- « tions de mon esprit. »

Il y a beaucoup de ces âmes pour lesquelles le monde est trop étroit; heureuses sont-elles lorsque, levant les yeux et s'appuyant sur le Dieu du Calvaire, elles ouvrent leurs ailes aux souffles divins qui les attirent. Malheur à celles qui regardent en bas; le vertige les saisit, pantelantes et déchirées, le grand abîme les dévore. Notre société inquiète et surmenée ne nous offre que trop d'exemples de ces esprits déséquilibrés, courant du crime à la folie.

C'est dans les intimes causeries que l'artiste se montrait tout entier, développant les plus hautes questions artistiques ou sociales avec une simplicité et une autorité vraiment surprenantes; il parlait bien, facilement, abondamment, trouvant son éloquence dans la nature même du sujet qu'il présentait. Ceux qui l'ont connu n'oublieront pas le charme de sa parole à la fois douce et affirmative, ni la lueur filtrant entre les cils de ses paupières mi-fermées par le recueillement de l'être intérieur ; il semblait lire, au dedans de lui-même, les préceptes les plus sublimes de la philosophie chrétienne.

Ferdinand Gaillard ne fut point un rêveur mystique; sa vie, comme son œuvre, accuse le raisonnement et la virilité. Mais il voyait tout de haut et marchait d'un enthousiasme à un autre enthousiasme ; il les eut tous, et les réalisa par des actions. Pendant la guerre néfaste, il fit partie des compagnies de marche, et ne se ménagea pas : excitant les tièdes, gourmandant les indifférents, prêchant la croisade sainte pour la Patrie. « C'est le devoir ! » disait-il à ceux qui s'excusaient sous prétexte d'obligation de travail ou de famille ; « c'est le devoir, il faut marcher ! » Le grand désastre accompli, l'artiste consola le patriote. Pour lui c'était un devoir aussi de donner à l'art toutes les facultés qu'il reconnaissait hautement tenir de la libéralité divine. Il termina, pour la calcographie du Louvre, la *sainte Vierge* d'après *Botticelli*, gravure qui parut au salon de 1873, avec celle du Buste de Dante, de la collection Nieuwerkerke. Au salon de 1877 on admira le *Crépuscule* d'après Michel-Ange auquel Gaillard fit succéder pour la *Gazette des Beaux-Arts*, à l'occasion du centenaire du grand sculpteur, la figure qui rêve à l'éternité sur le tombeau de Laurent de Médicis ; le sentiment et le style en sont traduits avec une rare intelligence du maître florentin : avec autant de bonheur, le travail du praticien, non terminé dans certaines parties, est exprimé par le graveur dont la science parfaite du jeu des lumières les fait tourner sur le marbre poli, et s'accrocher sur les parties ébauchées.

L'Exposition universelle de 1878 fut un grand succès pour Gaillard. Outre les gravures remarquées aux salons précédents, on y admira le portrait si vivant de *Dom Guéranger*, sa savante gravure du *saint Sébastien,* et le chef-d'œuvre de la *Tête de Cire*, du Musée de Lille, dont le sourire, comme celui de la Joconde, attire les artistes toujours impuissants à rendre ses grâces charmeresses et ses mystérieux attraits. De quel cerveau sortit cette œuvre exquise? quelles mains l'ont façonnée? Nul ne le sait. Ferdinand Gaillard l'a traduite en pensant à Léonard de Vinci, maître qu'il admirait et étudiait alors entre tous : rêvant déjà l'interprétation de la Joconde, il mit dans la *Tête de Cire* les délicatesses infinies de la Mona Lisa.

Le portrait de Léon XIII fut une des plus belles pièces du salon de 1880. Cette estompe est à notre avis bien supérieure, par ses qualités de vie et d'expression, aux portraits de Pie IX et du comte de Chambord. Dans le premier, Gaillard s'est affirmé buriniste classique de la grande école des Drevet. Le second, plus travaillé, plus caressé, n'est pas dans le sentiment de l'artiste qui, influencé par quelque cause étrangère, a sacrifié au joli et perdu la puissante vitalité de sa conception, et l'originalité de sa manière. Ce ne pouvait être qu'un accident, le maître-graveur reprit vite sa personnalité, la figure de Léon XIII est absolument animée du feu intérieur que le burin de Gaillard infusait dans les yeux de ses modèles, tel qu'on le sent dans le portrait du R. P. Hubin (1885) et dans celui de la Sœur

Rosalie, dernière œuvre de l'artiste, et non la moins chèrement caressée.

Depuis deux ans toutes les préoccupations de Gaillard se tournaient vers une œuvre grandiose dont il voulait faire le couronnement de sa vie artistique; réalisation d'un rêve de jeunesse fait à Milan devant *la Cène*, de Léonard de Vinci, fresque rongée par le temps, dans l'église de Sainte-Marie-des-Grâces, et dont la gravure de Raphaël Morghen ne donne qu'une bien incomplète idée, le caractère de l'œuvre étant resté incompris du graveur. Reconstituer cette ruine vénérable, l'immortaliser en la fixant sur le cuivre, telle qu'elle pouvait être à son origine, était la pensée permanente de l'artiste laborieux auquel rien ne paraissait impossible.

Un magnifique dessin de cette ombre de peinture, donné par l'artiste, décore un panneau de la Bibliothèque des Beaux-Arts. La somme de travail déjà exécuté en vue de la gravure commandée par la calcographie est vraiment incroyable; l'exposition des Beaux-Arts n'en présentait qu'une faible partie, on n'y voyait que le résultat de nombreuses notes prises dans tous les musées d'Europe possédant quelques études, quelques dessins de Léonard. Avec une ténacité de franc-comtois, et une patience de bénédictin, il cherchait, dans ces vestiges de la pensée du Maître, ce qui pouvait se rapporter par le sentiment ou le style à la fresque effacée. L'idée qu'il poursuivait, lorsque la mort le prit, était la découverte du caractère donné par Léonard à la tête du Christ, aujourd'hui absolument effritée. Il y serait certainement parvenu, il n'y épargnait ni les méditations savantes, ni le travail, ni les voyages. Les essais en dessins ou en peintures ne suffisant plus à son ardente recherche, il voulait modeler la figure du Sauveur jusqu'à ce qu'il eût trouvé le type créé par le Maître. Il vivait entouré non seulement de ses propres études, mais encore de gravures et de photographies italiennes, représentant l'ensemble de la chapelle de la Cène, et le détail de toutes ses parties, de toutes ses peintures, afin de se pénétrer du milieu où l'œuvre magnifique avait été exécutée.

Une telle dépense d'intelligence et d'efforts devait être perdue; quel que soit le talent des artistes vivant aujourd'hui, et plusieurs sont des maîtres, aucun ne peut s'assimiler les éléments d'un labeur aussi considérable pour le continuer dans le même esprit et par les mêmes moyens. Aucun ne le peut recommencer et le rendre sien, les difficultés de la reconstruction se faisant tous les jours plus grandes.

A l'égard de la Joconde, dont les premiers états ne montrent que l'ébauche du visage et le trait du fond, à peine mordu, peut-être un de nos maîtres-graveurs tentera-t-il l'aventure, et peut-être que, plus heureux que Calamatta, dont on ne saurait nier le talent, ravira-t-il le secret du Sphinx; quelle que soit la réussite, on regrettera profondément que la mort ait interrompu l'artiste, dont le concept et les études eussent assurément donné une œuvre exceptionnelle, digne de ses hautes facultés de correction et d'assimilation.

Pour ne point inquiéter sa mère, pour ne point attrister le foyer de famille où il apportait la consolation et la gaieté, Gaillard dissimulait ses souffrances; il paraissait n'y point attacher d'importance, bien qu'il en connût la gravité. Quelques paroles échappées au cours de ses conversations familières, et que ses amis se rappellent aujourd'hui, prouvent qu'il avait le pressentiment de sa fin prématurée; un d'eux, le félicitant sur les travaux exécutés en vue de la Cène, ajouta : « Tout est maintenant préparé pour faire de cette œuvre un monument impérissable. — L'achèverai-je? » répondit le grand artiste, qui changea l'entretien.

Les profondes affections de son âme chaude et généreuse, celles dont il était entouré faisaient à Gaillard la vie aimable et douce; cependant le sacrifice lui en fut plus facile que celui de l'abandon de son rêve d'artiste, si chèrement, si longuement caressé.

Certes Gaillard fut un chrétien des grands siècles de l'Eglise ; mais, quelque détaché qu'il fût du monde et de ses vanités, ce lui fut une amère douleur de laisser ces deux grandes œuvres commencées ; l'amour de l'art s'augmentait en lui de tout ce qu'il se retranchait des joies de la vie. C'est pour se consacrer à l'art qu'il renonça au mariage, il nous le disait dans les bonnes et douces causeries de l'intimité. « L'ar-« tiste, croyait-il, ne peut satisfaire aux obliga-« tions sacrées imposées par le mariage ; que « devient le dévouement de l'époux et du père, « si l'art le prend tout entier ? »

Beaucoup penseront que le disciple de saint François renonça, par religion, aux douceurs du foyer domestique. C'est une erreur grande, le Tiers-Ordre fut au contraire fondé pour entretenir dans les familles l'esprit de la mortification chrétienne. Les premiers disciples reçus par le père des Franciscains furent le bienheureux *Luchesi* et sa femme *Bona-Donna,* qu'il aimait chèrement, assure la tradition.

Le nombre des œuvres de l'artiste, peinture ou gravure, ne représente pas la somme de travail qu'il dépensa pour les amener à la perfection qu'il recherchait en toutes choses. Vivant en chrétien comme s'il dût mourir tous les jours, il travaillait longuement, patiemment, comme s'il eût eu l'éternité. Les nombreuses œuvres auxquelles il était attaché lui prenaient une part considérable de la journée, qu'il commençait par l'assistance à la première messe qu'il servait ordinairement. Après avoir reçu le pain des forts, il partageait son temps entre ses travaux, les devoirs de la vie sociale, auxquels il ne manquait jamais, les regardant comme une expression de la charité, et les courses et les visites nécessitées par ses fonctions dans les diverses associations dont il faisait partie : conférences de Saint-Vincent de Paul, Propagation de la foi, Adoration nocturne, société des Pèlerinages de laquelle il était membre du Conseil. Les sociétés artistiques ne lui étaient pas moins chères, elles le comptaient à la tête des plus influents et des plus zélés. La Société des graveurs au burin qu'il avait fondée avec MM. G. Levy et Laguillermie, et dont il était président, a perdu en lui le défenseur le plus puissant et le représentant le plus autorisé près des nations étrangères, devant lesquelles il tenait haut et ferme le drapeau de l'art moderne, comme l'ont témoigné, aux expositions de Londres, de Munich et de Vienne, les succès de la gravure française, ainsi que le témoigne la *Gazette de Cologne* du 27 décembre 1883. Il se multipliait, il trouvait du temps pour tout, au prix de fatigues excessives et en diminuant de plus en plus celui des repas, qui, dans les derniers temps de sa vie, se réduisaient à une tasse de bouillon, prise à la hâte.

Ce dédain du confort aida-t-il au développement de la maladie ? Cependant, nous informant à Mme Gaillard des ressources de l'artiste et de ses travaux pendant les années consacrées à l'étude, après sa sortie de l'atelier de Couturier, elle nous répondait :

— « Son maître d'apprentissage l'aimait beau-
« coup, et lui procurait, je crois, de l'ouvrage ;
« puis, il a fait quelques portraits ; il avait tou-

« jours assez, il vivait de si peu ! On dit que c'est « le peu de nourriture qu'il prenait qui a causé « sa mort ; je ne le crois pas, mon fils vivait de « rien. »

Il y a de ces natures dans lesquelles l'être moral annihile la *Bête;* Gaillard n'avait rien d'ascétique ni dans la physionomie, ni dans le caractère ; peu devait en effet suffire à ce tempérament, nerveux et délicat sous une apparence robuste ; mais la mauvaise qualité de ce peu, l'irrégularité des heures où il était pris, affaiblirent et désorganisèrent une constitution surmenée.

Une vie si laborieuse et si détachée eût dû mener l'artiste à la fortune ; le tertiaire de Saint-François n'en voulut point, bien qu'il ne négligeât aucune occasion de gain ; la famille, l'art et les pauvres se partageaient le prix de ses œuvres, dont il fut souvent l'éditeur intelligent et sagace. Son obligeance et sa charité étaient si connues, que des visiteurs plus ou moins intéressants le poursuivaient jusque dans son atelier de la rue d'Assas. On sait que tous les clients des œuvres de bienfaisance ne sont pas des pauvres selon Dieu. Un ou plusieurs de ces malandrins s'entendirent pour dévaliser celui qui leur distribuait les aumônes de la conférence de Saint-Vincent de Paul et dont ils connaissaient les habitudes. Ils profitèrent d'un de ces voyages que Gaillard faisait en Italie, et pendant lesquels il laissait ses clefs à M. Burney, son élève, afin qu'il continuât les travaux à l'atelier. M. Burney allait déjeuner chez lui, tout proche, rue de Vaugirard. Rentrant un jour, il s'étonna de trouver ouverte la porte qu'il avait soigneusement fermée. Il visite l'atelier, tout est à sa place ; il se rassure. Mais un pressentiment le porte à monter à la partie supérieure, arrangée en chambre à coucher : tous les tiroirs sont ouverts et vides ; comment les avait laissés le maître ? Hasard providentiel, la grande médaille, glissée à même sous le journal couvrant le fond du tiroir, avait échappé aux larrons. Gaillard, prévenu, ne donna aucune suite à l'affaire ; il en parlait d'un air détaché, comme si le fait ne lui eût pas été personnel. On ne connut jamais la valeur de la perte ; lorsque le budget des pauvres était épuisé et que les rentrées se faisaient attendre, les médailles allaient passer quelque temps au Mont-de-Piété ; peut-être étaient-elles en villégiature, lors de la visite des voleurs.

De plus en plus envahi par le flot des obligations que lui créaient ses multiples fonctions, Gaillard, pour y échapper, courait s'enfermer à Solesme ; là, il se reposait en travaillant dans la paix du cloître, au milieu des religieux qu'il aimait, et dont il était justement apprécié comme artiste et comme chrétien. Depuis quelques années, il passait une partie de l'été à Marolles, près de M. l'abbé de Baruelle, curé de cette petite commune de Seine-et-Oise. C'est à Marolles qu'il partit, lorsque, vaincu par les souffrances de plus en plus aiguës, il quitta son atelier de la rue d'Assas, où il ne devait plus revenir. Croyant encore qu'un repos de quelques jours lui permettrait de continuer son œuvre, il emporta sa Joconde ; il y passait plusieurs heures tous les jours. Mme Gaillard et ses petites-filles allèrent voir le cher malade, qui les reçut avec son entrain ordinaire ; elles partirent, ne le croyant que fatigué. Cependant, les forces diminuaient ; prévoyant une crise prochaine, le curé pressait l'artiste de retourner à Paris. Gaillard lui-même sentait le dénouement proche ; il en prévint son neveu pendant une de ses visites, lui donnant toutes les instructions nécessaires à la conduite des affaires qu'il laissait en bon ordre ; lui faisant les recommandations les plus claires et les plus précises sur toutes choses, les moindres comme les plus graves.

M. Judissé, malgré ses vingt-cinq ans, conduit habilement la maison, laissée, il y a quatre ans, par son père, dont la mort prématurée fut un chagrin profond pour son beau-frère. Prévenu par l'abbé de Baruelle, M. Judissé vint prendre son oncle à Marolles et le ramena à Paris, à la maison de santé de Saint-Joseph, où le frère du tiers-ordre voulait mourir. Il y entra le samedi 15 janvier ; le lendemain sa mère et sa plus jeune nièce passèrent quelques heures avec lui ; voulant épargner toute inquiétude aux siens et surtout à sa mère, jusqu'à la dernière minute il plaisanta, taquina la jeune fille, ainsi qu'il aimait à le faire dans ses plus beaux jours de santé. Au moment de la séparation, il tint sa mère un long temps embrassée, lui disant à mi-voix : « Sois sage, sois bien sage. » Les derniers mots de son fils restèrent dans l'oreille de Mme Gaillard ; sans redouter le malheur que nul ne croyait imminent, elle en cherchait le sens avec un trouble secret et indéfinissable. Aussi, lorsque, le mardi, la figure décomposée par la douleur, Mme Judissé revint de Saint-Joseph où elle n'avait plus retrouvé son frère vivant, ne sachant comment apprendre aux siens la terrible nouvelle, la mère du grand artiste s'écria-t-elle en l'apercevant : Mon fils est mort !

Claude-Ferdinand Gaillard s'était doucement endormi dans la paix, le 18 janvier 1887, à dix heures du matin ; conservant jusqu'à la fin la sérénité de la foi et de l'espérance, il partit, ne doutant pas qu'il entrait dans la lumière béatifique. N'avait-il pas accompli, dans leur plus rigoureuse étendue, toutes les observances de la loi chrétienne ? A la religieuse qui lui parlait de guérison, il répondit en souriant : « Ah ! ma Sœur ! si près du Paradis, n'y pas « entrer, cela serait bien malheureux ! »

Lorsque, enfant, puis jeune homme, il apportait à ses parents ses prix et ses médailles, sa mère s'étonnait de son peu d'émotion :

« — N'es-tu donc pas heureux et surpris de tes récompenses ?

« — Surpris ? non, répondait-il ; j'ai bien travaillé, je les ai méritées. »

Quoique Gaillard connût sa force et son talent, le profond sentiment qu'il avait de l'action divine sur l'intelligence humaine le préserva de l'orgueil ; et la sérénité de sa vie et de sa mort reposait, non pas sur ses mérites, mais sur ses efforts et sur la droite justice. « J'ai bien travaillé, j'ai mérité ma récompense. » Aussi, disait-il à ceux qui lui demandaient quelques avis :

« — Travaillez d'abord ; donnez tout ce que « vous avez dans l'esprit, dans le cœur, dans « la main, dans tout votre être ; le reste viendra « tout naturellement : le succès et les billets de « banque. »

Cela n'est pas, hélas ! toujours vrai ; bien des hommes de cœur et de talent meurent à la peine ; mais rien ne peint mieux le caractère et la vie de l'éminent artiste, que le précepte qui lui servit de guide, et qu'il accomplissait dans son intégrité.

C'est dans la robe de bure reçue des mains de Mgr de Ségur le 9 février 1877 que le tertiaire de Saint-François, que l'un des maîtres de la Gravure française attend le *jour* éternel. En procédant à la toilette mortuaire, la Sœur découvrit le petit cilice que portait le *Frère François-Marie de la Crèche;* sa vénération pour la douceur et la patience de son cher malade la porta à couper un morceau de la rude chemisette, qu'elle montra à Mme Gaillard en s'accusant du pieux larcin.

L'artiste bienveillant donnait généreusement

ses avis; il eut fort peu d'élèves dans le sens restreint du mot. Son ami, M. Tiburce de Mare, a un faire tout personnel; seul, M. Burney marche dans le sentier tracé par le maître; son nom, déjà connu des amateurs, peut prendre rang parmi ceux des artistes sincères et laborieux. MM. de Mare et Burney vivaient dans l'intimité de Gaillard et lui étaient absolument dévoués; ils voulurent réunir les dessins, les peintures et les gravures du maître regretté, dans une exposition qui permît de juger l'ensemble de son œuvre et d'en admirer la science et la variété. Ils y furent aidés par les amis et les admirateurs du précieux et fin calcographe. Artistes et écrivains d'art, MM. Bouguereau, Chapu, G. Moreau, Chaplain, Guillaume; MM. Duplessis, Delaborde, Burty, G. Lafenestre, Roger, Marx de Ronchaud firent partie du Comité d'organisation. L'exposition eut un plein succès; elle prouva une fois de plus que si le public parisien sacrifie trop souvent à la fantaisie, il sait encore reconnaître et goûter l'art sérieux et sincère.

L'Etat acheta les peintures de Pompeïes et un choix de dessins pour le Musée du Luxembourg; les études faites en vue de *la Cène,* et les essais de la Joconde appartiennent à la calcographie.

Il est remarquable, en ce temps de matérialisme et d'incrédulité, que la presse de toutes les opinions salua dans Gaillard l'artiste chrétien, dont l'œuvre reflète les convictions sincères et la vie laborieuse et sans tache. Nul ne rit du disciple fervent de saint François d'Assise, tous respectèrent la foi de l'homme de cœur qui s'imposait dans la douceur et dans la charité.

Sans autre pompe que la dignité de la simplicité chrétienne et les larmes de tous ceux qui l'avaient connu, les funérailles du grand artiste réunirent à Saint-Sulpice, le 21 janvier 1887, les membres les plus illustres des sociétés artistiques, de la littérature et du clergé ; tous, en rendant un suprême hommage à l'auteur de tant d'œuvres originales et fortes, s'associaient au deuil de sa famille et de ses amis. Mgr Vico, secrétaire de la nonciature, plusieurs dignitaires de l'Eglise, de nombreux chanoines et des membres du Tiers-Ordre ne cachaient point leur émotion.

Quatre discours furent prononcés au cimetière Montparnasse. Le sculpteur H. Chapu, ami d'enfance de Gaillard, parla au nom de la famille ; M. Kaempfen, au nom de l'administration des Beaux-Arts ; M. le vicomte Henri Delaborde, au nom de la Société des graveurs au burin de France ; et M. W. Bouguereau, au nom de la Société des Artistes français. Nous ne saurions mieux terminer cette étude qu'en appuyant nos opinions et nos souvenirs sur l'éloquente oraison funèbre de l'illustre peintre dont l'émotion trouvait un sympathique écho dans tous les cœurs.

Voici les passages les plus frappants de ce remarquable discours :

Messieurs,

« Il est des hommes dont la perte est doublement grande, cruelle pour ceux qui les aiment, irréparable pour le pays qui les a vus naître. Claude Ferdinand Gaillard était de ceux-là, et c'est pénétrés d'une vive douleur que nous venons honorer la dépouille mortelle de cet artiste si consciencieux et bon, dont les aspirations furent si élevées et qui laisse après lui les traces ineffaçables d'un immense talent.

. . . .

. . . .

. . . .

« Comme presque tous ceux à qui Dieu réserve une place à part, Gaillard fut un déshérité de la fortune, et ce ne fut que par des efforts soutenus qu'il s'éleva à la grande situation artistique où il était arrivé. De même que bien d'autres qui tiennent aujourd'hui la tête dans les arts, il débuta à l'école gratuite de la rue de l'Ecole de Médecine et il s'y distingua. Il entra ensuite dans l'atelier de Léon Cogniet et à l'Ecole des Beaux-Arts, où, après avoir obtenu dans la section de gravure un second grand prix en 1852, il remporta le premier Prix de Rome en 1856. Desnoyer, l'illustre graveur, avait deviné ce que ce premier travail contenait de promesses et en l'embrassant il lui prédit un bel avenir. »

Après avoir, dans un rapide exposé, expliqué l'œuvre de l'artiste, l'éminent peintre conclut ainsi :

« Dans les choses de la vie, l'homme était à la hauteur de l'artiste. Il était d'une bonté et d'une droiture extrêmes qui n'excluaient pas l'initiative : aussi ses confrères surent l'apprécier et le déléguèrent au comité de la Société des Artistes français. Il y fit partie du Conseil d'administration et en même temps la Société des graveurs au burin l'appela à sa présidence. Dans ces fonctions, comme partout, il sut soutenir les intérêts de l'art et des artistes. Des médailles pour la gravure et pour la peinture lui furent décernées aux Salons et à l'Exposition universelle de 1878. Le gouvernement français le nomma successivement chevalier et officier de la Légion d'honneur, et plusieurs puissances étrangères le décorèrent de leurs Ordres.

« C'est à cinquante-deux ans, à l'apogée de son talent, que Gaillard a été frappé ! Si notre foi nous empêche de plaindre l'homme pieux pour qui s'ouvre la vie céleste vers laquelle il aspirait, comment ne pas compatir à la douleur de cette mère âgée dont il devait consoler les derniers jours et aux amers regrets de tous les siens !

« Cher ami, au nom de tous ceux qui t'ont connu et qui t'aimaient, je te dis un éternel adieu. Dors en paix, chrétien convaincu, artiste émérite ; tes contemporains se souviendront de toi et la postérité conservera ton nom ! »

Les discours de MM. Delaborde, Kaempfen et Chapu ne furent ni moins éloquents ni moins affectueux ; celui du peintre parlant au nom de tous les artistes nous a semblé résumer plus complètement la vie de celui que tous aimaient et admiraient.

Extrait de la *Gazette de Cologne* du 27 décembre 1883.

« Les Français qui, à la vérité, savent moins de grec et de latin que les Allemands (?), mais qui donnent plus d'attention au côté pratique de la vie, ont eu assez d'esprit pour renoncer à la virtuosité technique et pour éviter les dangers dont la science de la ligne menace la gravure sur cuivre. A leur tête est Claude Gaillard, qu'on distingue facilement dans cette exposition, comme le lion à sa griffe. Il est l'élève du vieux Léon Cogniet, sous lequel il n'a pas seulement gagné le Prix de Rome, mais il a aussi appris à devenir maître de la forme, comme il convient doublement à l'artiste qui poursuit le vrai réalisme par la liberté des procédés. Avec quelle infatigable persévérance cet homme n'a-t-il pas étudié, et non seulement étudié, mais tâtonné et essayé, afin d'arriver à rendre parfaitement le dessin, la couleur et l'esprit des œuvres qu'il reproduisait ! On le voit, pour arriver à saisir le mystère d'un rendu, dessiner un œil ou une oreille trois ou quatre fois, à la sépia ou à l'aquarelle. Il n'est rien de plus intéressant que de suivre pas à pas cette conscience impuissante à se satisfaire qui se montre dans les esquisses et les études dont l'artiste a couvert tout un mur de l'Exposition. Il y a, par exemple, neuf états différents du portrait d'un dignitaire ecclésiastique, et dans cette série progressive, on voit comment il a réfléchi à tous les procédés et essayé leur application, souvent même pour revenir à la fin à ceux qu'il avait d'abord employés. Voici une première feuille sur laquelle la physionomie est nettement, fermement esquissée, tandis que la seconde indique déjà les demi-teintes. Mais le ton de la chair n'a pas encore la chaleur et la souplesse qui doivent la distinguer du marbre, et il faut voir par quels procédés Gaillard obtient les dessous qu'il cherche.

« On peut se figurer l'indignation que ces attentats contre les règles et le rythme doivent inspirer au classique allemand, qui continue à vénérer *la sainte Famille* d'Edelinck comme le dernier mot du vrai et du beau. L'absence du travail personnel intime des graveurs allemands se trahit par le peu de goût qu'ils ont, à l'encontre de leurs confrères de France, pour le portrait. Il se trouve justement qu'il y a, à l'Exposition de Dusseldorf, un certain nombre de portraits gravés à l'eau-forte par M. Raab, de

Munich. Qu'on y jette un coup d'œil, et qu'on compare ensuite ces portraits avec les ouvrages de Gaillard et de Waltner. A part l'infériorité du dessin chez Raab, et une absence des profondes études anatomiques, qui donne à ses huit portraits une fâcheuse uniformité d'expression, l'envie de briller par la technique contribue à enlever aux têtes toute personnalité et toute vie. Ces mains ne sont pas des mains d'homme, mais un je ne sais quoi avec cinq appendices autour desquels s'enroule un fil d'archal. Il en est tout autrement des chefs-d'œuvre français ; là, est la vie, le sang coule sous la peau ; là, le tempérament du modèle est exprimé par la main avec autant de vérité que pourrait le faire le peintre lui-même. Les étoffes de toutes espèces sont rendues avec une égale virtuosité par le burin. Mais là encore, que d'études chez les Français, avec quel soin Gaillard pèse l'emploi et l'efficacité des procédés pour reproduire telle ou telle étoffe !... »

FIN

Bar-le-Duc. — Typ. Schorderet et Cie. — 715

www.ingramcontent.com/pod-product-compliance
Ingram Content Group UK Ltd.
Pitfield, Milton Keynes, MK11 3LW, UK
UKHW021517260726
13993UKWH00004B/1726